L. DHUET,
LICENCIÉ ÈS LETTRES ET EN DROIT,
JUGE DE PAIX.

Les Enfants nés hors mariage

d'après les lois des 30 Décembre 1915, 7 Avril 1919, 25 Avril 1924 et la jurisprudence la plus récente.

2e ÉDITION

(*Extrait du Bulletin-Commentaire des Lois et Décrets*).

PRIX : 3 FR. 50 franco

Maurice BELZACQ, Éditeur
Librairie des Lois et Décrets commentés
147, Boulevard Saint-Michel, 147 — PARIS (ve)
Chèque postal : Paris c.c. Belzacq 419.64
1925

LES ENFANTS NÉS HORS MARIAGE

L. DHUET,

LICENCIÉ ÈS LETTRES ET EN DROIT,
JUGE DE PAIX.

Les Enfants nés hors mariage

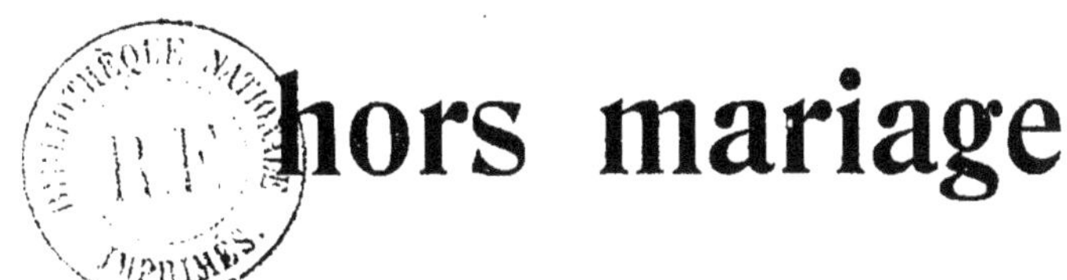

d'après les lois des 30 Décembre 1915, 17 Avril 1919,
25 Avril 1924 et la jurisprudence
la plus récente.

2e *ÉDITION*

(*Extrait du Bulletin-Commentaire des Lois et Décrets*).

PRIX : 3 FR. 50 franco

Maurice BELZACQ, Éditeur
Librairie des Lois et Décrets commentés
147, BOULEVARD SAINT-MICHEL, 147 — PARIS (v^{e})
Chèque postal : Paris c.c. Belzacq 419.64.
1925

LES ENFANTS NÉS HORS MARIAGE

(Lois des 30 décembre 1915, 7 avril 1917 et 25 avril 1924).

INDEX ALPHABÉTIQUE

SOMMAIRE (1).

(1) Les chiffres renvoient aux numéros du commentaire.

1. *Avant-propos.* — « Nos prédécesseurs et, au premier rang, le très sage Julien, écrivait Justinien dans le préambule de la Novelle 73 (Auth. coll. VI, titre III), relative à la légitimation, ont dit avec raison qu'aucune loi, aucun sénatus-consulte, promulgués dans la république romaine, ne paraissent, dès le début, répondre à toutes les circonstances, mais ont besoin de corrections nombreuses pour parer aux trames variées qu'ourdit la nature. Aussi avons-nous rédigé de nombreuses et diverses lois au sujet des enfants naturels qui s'élèvent aux droits et au rang d'enfants légitimes. Or, les espèces particulières que suscite la nature, nous ayant fait découvrir des lacunes dans la législation établie, nous y avons apporté la correction que voici » (1). Ce texte peut servir d'épigraphe à notre commentaire. En effet, comme Justinien en son siècle, nos législateurs depuis plus de trois décades témoignent d'une sollicitude toute particulière pour le sort et la condition des enfants nés hors mariage et s'efforcent d'améliorer les anciennes lois en les adaptant aux nouvelles conceptions morales de l'heure présente : ils nous démontrent une fois de plus que la législation ne crée pas les mœurs, mais les exprime. Mais cette adaptation ne va pas sans de nombreuses hésitations : on dirait d'une marche sur un sol inconnu où l'on s'aventure en tâtonnant et en gardant un point d'appui sur la terre ferme que l'on veut abandonner. Aussi reviennent-ils souvent sur leur œuvre pour la corriger et pour combler les lacunes nombreuses et parfois profondes que la pratique fait découvrir. C'est surtout l'article 331 du Code civil qui fut ainsi remis sur le chantier. Après avoir reçu une première addition par la loi du 17 août 1897, il subit une importante transformation par la loi du 7 novembre 1907, et celle-ci fut à son tour abrogée par la loi du 30 décembre 1915 qui elle-même vient d'être corrigée par la loi du 25 avril 1924.

Notre but dans la présente étude est de commenter le nouvel article 331 sous la forme que cette dernière loi vient de lui donner, afin de mettre à jour le commentaire que le regretté M. Taudière a donné sur la loi de 1907 dans le tome VI (année 1907, p. 581) du *Bulletin-Commentaire* et notamment le chapitre II, section I, n°s 22 à 31, pages 33-46 du tirage spécial.

2. *Nouveau texte de l'article 331 C. civ.* — Voici, d'après la loi du 25 avril 1924, la nouvelle rédaction de l'article 331 :

Alinéa 1 : Les enfants nés hors mariage, autres que ceux nés d'un commerce adultérin, sont légitimés par le mariage subséquent de leurs père et mère, lorsque ceux-ci les ont légalement reconnus avant leur mariage ou qu'ils les reconnaissent au moment de sa célébration. Dans ce dernier cas, l'officier de l'état civil qui procède au mariage, constate la reconnaissance et la légitimation dans un acte séparé.

Alinéa 2 : Les enfants adultérins sont légitimés, dans les cas suivants, par le mariage subséquent de leurs père et mère, lorsque ceux-ci les reconnaissent au moment de la célébration du mariage dans les formes déterminées par le premier alinéa du présent article :

(1) « Recte dictum est a praedecessoribus nostris et ante omnes a Juliano sapientissimo, quia nulla lex neque senatus consultum prolatum in republica Romanorum videtur ad omnia sufficienter ab initio promulgatum, sed multa indigere correctione, ut ad naturae varietatem et ejus machinationes sufficiat. Igitur de iis qui ex naturalibus ad suorum jus perveniunt et multas et varias conscripsimus leges. Ex his autem quae a natura rerum per singula moliuntur, invenientes aliquid deesse iis quae jam statuta sunt, hoc in præsenti corrigimus. »

Alinéa 3 : 1° Les enfants nés du commerce adultérin de la mère lorsqu'ils sont désavoués par le mari ou ses héritiers ;

Alinéa 4 : 2° Les enfants nés du commerce adultérin du mari ou de la mère, lorsqu'ils sont réputés conçus à une époque où le père ou la mère avait un domicile distinct en vertu de l'ordonnance rendue conformément à l'art. 878 du Code de procédure civile et antérieurement à un désistement de l'instance, au rejet de la demande ou à une réconciliation judiciairement constatée ; toutefois la reconnaissance et la légitimation peuvent être annulées si l'enfant a la possession d'état d'enfant légitime ;

Alinéa 5 : 3° Les enfants nés du commerce adultérin du mari dans tous les autres cas, s'il n'existe pas d'enfants ou de descendants légitimes issus du mariage au cours duquel l'enfant adultérin a été conçu.

Alinéa 6 : Lorsqu'un des enfants visés au présent article aura été reconnu par ses père et mère ou par l'un d'eux postérieurement à leur mariage, cette reconnaissance n'emportera légitimation qu'en vertu d'un jugement rendu en audience publique, après enquête et débat en chambre du conseil, lequel jugement devra constater que l'enfant a eu, depuis la célébration du mariage, la possession d'état d'enfant commun.

Alinéa 7 : Toute légitimation sera mentionnée en marge de l'acte de naissance de l'enfant légitimé.

Alinéa 8 : Cette mention sera faite à la diligence de l'officier de l'état civil qui aura procédé au mariage, s'il a connaissance de l'existence des enfants, sinon à la diligence de tout intéressé (1).

3. *Modification apportée au texte par la loi du 25 avril 1924.* — « Dans sa rédaction antérieure, dit une circulaire de la Chancellerie en date du 12 mai 1924, l'art. 331 C. civ., déjà modifié par la loi du 30 décembre 1915, disposait dans ses alinéas 1 et 2 que les enfants naturels autres que les enfants adultérins, peuvent être légitimés soit par le mariage subséquent de leurs père et mère, lorsque ceux-ci les ont reconnus avant leur mariage ou au moment de sa célébration (al. 1), soit, en l'absence de cette reconnaissance, en vertu d'un jugement postérieur au mariage et rendu dans certaines conditions fixées par la loi.

« L'alinéa 3 du même article (1) prévoyait dans trois cas particuliers la légitimation des enfants adultérins « par le « mariage subséquent de leurs père et « mère, lorsque ceux-ci les reconnais- « sent au moment de la célébration du « mariage ».

« Cette rédaction de l'art. 331 excluait la possibilité pour les enfants adultérins, à la différence des enfants naturels, d'être légitimés par jugement postérieur au mariage des parents.

« Le seul objet de la loi du 25 avril 1924 est d'étendre aux enfants adultérins dans les trois cas où l'art. 331 admet leur légitimation, le bénéfice de la disposition qui autorise la légitimation par jugement, postérieurement au mariage des parents, quand la reconnaissance n'est pas intervenue antérieurement à ce mariage ou au moment de sa célébration.

« Cet objet a été atteint par une simple interversion de textes, qui a fait passer dans la nouvelle rédaction de l'art. 331, l'alinéa 2 (2) relatif à la légitimation par jugement après l'alinéa 3 relatif au cas de légitimation des enfants adultérins. »

Il convient pour compléter cette circulaire de signaler encore deux corrections de texte, apportées dans la rédaction de l'alinéa 5 : les mots « au moment du mariage subséquent » et « est né ou » sont supprimés, ce qui constitue, nous le verrons, une réelle amélioration.

(1) L'article 2 de la loi du 25 avril 1924 déclare cette loi applicable aux colonies.

(1) Alinéa 2 du n° précédent.
(2) Aujourd'hui alinéa 6.

§ 1. — Légitimation des enfants naturels simples.

4. *Définition des enfants naturels simples.* — « On entend par enfants naturels simples ceux dont les père et mère, n'étant ni parents, ni alliés à un degré prohibé pour le mariage par les art. 161, 162 et 163 C. civ., étaient tous deux, au moment de la conception, célibataires, veufs ou divorcés » (1). Ne perdons pas de vue le principe qui domine toute la jurisprudence en matière de filiation : « c'est la conception, et non la naissance, qui constitue la filiation » (Cass. 28 juin 1869, D. 69.1.335, S. 69.1.446). Par application de ce principe, doivent être considérés comme enfants naturels simples: 1° l'enfant né plus de 300 jours après la mort du mari de sa mère ou après la transcription du jugement de divorce ; 2° l'enfant né d'une femme célibataire et d'un homme marié avec une autre femme moins de 300 jours avant la naissance de l'enfant ou dont le mariage avec une autre femme a été dissous par la mort ou la transcription d'un jugement de divorce plus de 180 jours avant la naissance de l'enfant ; 3° l'enfant d'une femme mariée, né dans les 180 premiers jours du mariage, s'il est désavoué par le mari.

5. *Innovations apportées par la loi du 30 décembre 1915.* — En ce qui concerne la légitimation des enfants naturels simples, la loi du 30 décembre 1915 n'a modifié les dispositions de la loi du 7 novembre 1907 que sur deux points, l'un de forme, l'autre de fond ;

1° En la forme, tandis que, sous l'empire de la loi de 1907, la légitimation était insérée dans l'acte même de célébration du mariage, dorénavant, la reconnaissance et la légitimation doivent être constatées par un acte séparé.

2° Au fond, « le législateur autorise, moyennant certaines conditions, la légitimation des enfants naturels simples, même s'ils ne sont reconnus qu'après la célébration du mariage.

Nous allons étudier successivement ces deux innovations, sans nous arrêter sur la question de la légitimation par reconnaissance antérieure au mariage. Nous ferons simplement sur ce sujet trois remarques qui présentent, à notre avis, un intérêt certain :

A) Une fausse déclaration de légitimité, faite par le père dans l'acte de naissance de l'enfant, équivaut à une reconnaissance ;

B) Une reconnaissance expresse de la part de la mère n'est pas nécessaire : l'aveu de la maternité peut suffire et s'induire de tout acte accompli par elle et de son attitude à l'égard de l'enfant : *sic*, Ed. Lévy, *loc. cit.*, comp. Limoges, 17 mars 1924, *Gaz. Pal.*, 24 mai 1924 : « à défaut d'acte de reconnaissance devant un officier de l'état civil ou un notaire, la mère peut faire en justice des déclarations d'où résulte la preuve non équivoque de sa volonté de reconnaître l'enfant. Il en est ainsi si elle prend la qualité de mère de l'enfant dans un exploit introductif d'instance et si, au cours d'une comparution personnelle devant le tribunal, elle renouvelle l'aveu de sa maternité : le procès-verbal de cette comparution est un acte authentique qui satisfait aux conditions de l'art. 334 C. civ. Cette reconnaissance en justice est déclarative de la filiation de l'enfant et produit effet à compter de la naissance de cet enfant. »

C) Lorsque la reconnaissance résulte d'un acte notarié, la transcription de cet acte sur les registres de l'état civil n'est pas obligatoire pour la validité de la légitimation ; mais une expédition de cet acte doit être produite comme pièce justificative, lorsqu'on requiert la mention de la légitimation en marge de l'acte de naissance.

6. *Formes de la légitimation au moment de la célébration du mariage.* — Aux termes de la circulaire ministé-

(1) Ed. Lévy, *Traité de la légitimation*, p. 1.

rielle du 10 janvier 1916 (*J. O.* du 16), l'obligation de constater la reconnaissance et la légitimation par acte séparé entraîne les conséquences suivantes :

« *a*) Il conviendra, dans la pratique, que les officiers de l'état civil suggèrent aux futurs époux de reconnaître tous deux l'enfant le plus tôt possible, et de préférence avant la célébration de l'union projetée (1). Cette façon de procéder aura pour avantage : d'une part, d'assurer aux enfants, dans toute éventualité, le bénéfice d'une filiation, et, d'autre part, de permettre la célébration du mariage sans que les assistants soient mis au courant d'une situation que les futurs peuvent avoir intérêt à ne pas divulguer.

« *b*) Dans toutes les communes où il n'existe pas de registre spécial pour les reconnaissances d'enfants naturels, celles-ci devront être inscrites sur les registres des actes de naissance et non sur celui des actes de mariage, sous réserve, bien entendu, du cas où la commune ne posséderait qu'un seul registre pour tous les actes de l'état civil, de quelque nature qu'ils soient.

« *c*) Les actes constatant une reconnaissance d'enfant naturel passée antérieurement à la célébration du mariage continueront à être dressés conformément à la formule indiquée au chapitre 4 du Formulaire général de l'état civil (*B. O.* de janvier-février 1913).

« Lorsque la reconnaissance n'aura lieu qu'au moment de la célébration du mariage, l'acte *séparé*, relatif à cette reconnaissance, pourra être dressé conformément à la formule suivante :

Formule de légitimation faite au moment de la célébration du mariage.

« Le trente janvier mil neuf cent « seize, onze heures du matin, Jules « Benoît, né à Versailles le sept oc- « tobre mil huit cent quatre-vingt- « douze, typographe, domicilié à Paris, « 17, rue de Nevers, et Louise Durand, « née à Clamart (Seine), le trois mai « mil huit cent quatre-vingt-neuf, bro- « cheuse, domiciliée à Paris, 55, quai « des Grands-Augustins, dont le ma- « riage vient d'être célébré en cette « mairie, ont déclaré reconnaître, en « vue de la légitimation, un enfant né « à Corancy (Nièvre) le douze décembre « mil neuf cent onze et inscrit sous les « noms de Jacques-Lucien, fils de « Louise Durand. Lecture faite, ont les « déclarants signé avec Nous, Pierre « Roux, adjoint au maire du sixième « arrondissement de Paris. »

« *Observation.* — Cet acte devra être « signé des déclarants et de l'officier de « l'état civil. » (1).

(1) Voir plus loin n° 24 ce qui sera dit à propos de la légitimation des enfants adultérins.

7. *Validité de la légitimation insérée dans l'acte de mariage postérieurement à la promulgation de la loi.* — Malgré la disposition formelle de la loi, un certain nombre d'officiers de l'état civil, surtout dans les communes rurales continuent, sur la foi de formulaires désuets, à insérer la légitimation dans l'acte de mariage. Que vaut une légitimation ainsi dressée d'après la loi de 1907 ? A. M. Vallier, sénateur de l'Isère, qui avait posé cette question, la Chancellerie a fait la réponse suivante :

La validité d'une légitimation ne peut être contestée en raison de ce seul fait que, postérieurement au 30 décembre 1915, l'officier de l'état civil aurait

(1) Nous avons modifié la formule ci-dessus et l'observation conformément aux instructions données par la Chancellerie dans la circulaire du 13 février 1924 sur l'application de la loi du 7 février 1924, relative aux témoins des actes de naissance et de décès : « Les dispositions de la loi nouvelle doivent être appliquées à l'acte de reconnaissance quand celle-ci est faite devant l'officier de l'état civil. Il convient, en effet, de remarquer que jusqu'à ce jour la jurisprudence n'exigeait, dans le silence du Code civil, la présence à cet acte de deux témoins que par analogie avec les formalités prévues pour l'établissement de l'acte de naissance, l'acte de reconnaissance étant considéré en quelque sorte comme le complément de ce dernier. La suppression des témoins dans l'acte de naissance doit, par suite, entraîner la suppression des témoins dans les actes de reconnaissance dressés par l'officier de l'état civil. »

dressé la reconnaissance des père et mère dans l'acte de célébration de leur mariage et non pas par acte séparé, au moment même de cette célébration. En outre, « *a*) la disposition finale de l'art. 331 C. civ., ayant été édictée dans l'intérêt des père et mère, ne peut comporter une conséquence préjudiciable à l'enfant et intentionnellement le législateur n'a pas prescrit que l'infraction à cette disposition serait sanctionnée par la nullité de la légitimation ;

« *b*) l'erreur du maire peut être réparée par une ordonnance de rectification (loi du 20 nov. 1919, art. 99 C. civ.), dissociant les deux actes et reportant sur le registre où sont dressés les actes de naissance la reconnaissance des père et mère ;

« *c*) cette rectification n'est pas obligatoire et elle ne doit avoir lieu que lorsque les intéressés le requièrent ;

« *d*) le procureur de la République n'a pas à présenter requête en cette affaire, qui ne concerne pas l'ordre public ;

« *e*) les frais doivent incomber à l'officier de l'état civil qui a commis l'erreur si les intéressés en font la demande. »

8. *Disposition transitoire.* — L'article 6, alinéa 1 de la loi du 30 décembre 1915 dispose que, « pour les mariages antérieurs à la promulgation de la présente « loi, il ne sera plus délivré d'expédi- « tion commune de l'acte de légitima- « tion et de l'acte de célébration du « mariage que dans les conditions dé- « terminées par l'article 57 du Code « civil », c'est-à-dire à l'enfant légitimé, à ses ascendants et descendants, à son tuteur ou son représentant légal en cas de minorité ou d'incapacité, ou au procureur de la République s'il doit en faire usage lui-même.

D'ailleurs la loi du 1er juillet 1922 a complété comme suit l'article 333 C. civ. ; « L'expédition de l'acte de naissance « produite par l'enfant légitimé à l'of- « ficier de l'état civil qui doit célébrer « son mariage est conforme au dernier « alinéa de l'article 57 du Code civil, « avec l'indication de la qualité d'é- « poux de ses père et mère. » Une réponse ministérielle (n° 5444, *J. O.* du 15 décembre 1922) limite comme suit l'application de cette disposition : « La loi du 1er juillet 1922 a modifié simplement l'article 333 C. civ. Cet article, placé dans une section intitulée de la légitimation des enfants naturels, s'applique exclusivement aux enfants légitimés et ne vise d'ailleurs dans son texte que les enfants légitimés. Les règles applicables aux enfants légitimes sont contenues dans une autre partie du Code civil : elles se suffisent à elles-mêmes et le nouvel article 333 C. civ. ne peut avoir pour effet de les modifier.

« L'interprétation de ces dispositions appartient au surplus aux tribunaux et la Chancellerie ne peut émettre un avis sur la question que sous cette réserve. »

Pour nous, l'opinion de la Chancellerie n'est pas exacte : nous pensons que l'expédition de l'acte de naissance d'un enfant légitime ou celle d'un enfant légitimé, délivrée en vue du mariage, doivent être rédigées d'une façon identique, ainsi qu'il résulte des explications données au Sénat par le rapporteur de la loi du 1er juillet 1922, M. Maranget. L'obligation, inscrite dans le nouvel article 333, d'indiquer dans l'expédition la qualité d'époux des père et mère de l'enfant légitimé prouve de toute évidence que le but du législateur a été d'empêcher qu'à la seule lecture des documents d'état civil on puisse reconnaître le caractère d'enfant légitimé du futur époux. En fait, l'expédition de l'acte de naissance d'un enfant légitime porte toujours l'indication « fils de A... et de B..., son épouse, etc. » Par l'effet de la nouvelle disposition de l'article 333, la même indication figurera dans l'expédition de l'acte de naissance de l'enfant légitimé.

9. *L'enfant né moins de 180 jours après le mariage est-il légitime?* — La doctrine est divisée sur la réponse que l'on doit donner à cette question. Nous n'exposerons pas la controverse dans ses détails. Nous nous contenterons d'indiquer que la jurisprudence de la Cour de cassation considère l'enfant comme légitimé (Cass., 28 juin 1869; D. 69.1. 335). De cette jurisprudence, dit M. Planiol (*Tr. de Droit civil*, t. I, n° 1559, 5e éd.), il résulte que « la légitimation par mariage se fait de deux façons différentes. Quand il s'agit *d'enfants déjà nés*, la légitimation exige une condition (la reconnaissance antérieure au mariage) qui n'est pas nécessaire lorsque l'enfant est encore *simplement conçu;* pour ce dernier la légitimation résulte du fait seul du mariage ». La loi du 30 décembre 1915, en étendant les cas où la légitimation des enfants adultérins est possible, a bien diminué l'importance de cette controverse. Il ne faut pas oublier que le légitimé n'acquiert les droits d'enfant légitime qu'à compter de la date du mariage de ses père et mère.

§ 2. — Reconnaissance postérieure au mariage.

10. *Formes de légitimation « post nuptias »*. — Un jugement du tribunal civil de la Seine en date du 31 mai 1916, rapporté dans la *Gazette des Tribunaux* du 2 septembre 1916 résume excellemment la procédure de la légitimation « post nuptias » :

« Lorsque les père et mère d'un enfant naturel l'ont reconnu postérieurement à leur mariage (1), un jugement peut décider que cette double reconnaissance, quoique tardive, emporte légitimation.

« Le jugement doit constater, que l'enfant a eu, depuis la célébration du mariage, la possession d'état d'enfant commun. Il est précédé d'une enquête en chambre du conseil (1) et il est prononcé en audience publique.

« *Le tribunal compétent n'est pas celui de l'arrondissement dans lequel l'enfant est né, mais celui de l'arrondissement dans lequel les père et mère sont domiciliés* (2).

« Transcription du jugement doit être faite sur les registres de l'état civil de la commune où est né l'enfant, malgré le silence de la loi sur ce point, et mention doit en être faite en marge de l'acte de naissance ».

« La transcription du jugement sur les registres de l'état civil ne doit porter que sur le dispositif dudit jugement. En conséquence, ce dispositif doit désigner par leurs prénoms et noms toutes les parties ainsi que les lieu et date où a été dressé l'acte en marge duquel doit être mentionnée la transcription dudit dispositif ». (Tr. civ., Montluçon, 21 juin 1917, *Loi,* 13 décembre 1917).

Ajoutons que, comme il s'agit d'une question d'état, il y a lieu à communication au ministère public (art. 83 C. pr. civ. 2°), et que, pour la même raison les créanciers de l'enfant ne sont pas qualifiés pour intenter en ses lieu et place l'action en légitimation.

Ont donc seuls qualité pour l'introduire le père ou la mère, l'enfant ou ses représentants légaux s'il est mineur ou interdit. Dans le cas où l'action serait introduite par voie incidente, peuvent seules l'intenter les personnes qui ont qualité pour agir en déclaration de paternité et de maternité, c'est-à-dire l'enfant ou sa mère, s'il est mineur, conformément aux dispositions de l'article 340 C. civ. en ce qui concerne la recherche de la paternité, et, en outre, les héritiers de l'enfant dans les conditions

(1) « La demande ne peut être accueillie que si l'enfant a été reconnu par ses père et mère, soit en France, soit à l'étranger postérieurement à leur mariage et l'exequatur ne peut être accordé à un jugement d'un tribunal étranger qui déclare légitime un enfant né en France sans constater qu'il a été reconnu par ses père et mère soit avant soit après la célébration du mariage » (tr. civ. Versailles, 9 janvier 1918, *Loi,* 17 mars 1918).

(1) Le tribunal pourrait ordonner soit une enquête de police, dont les résultats seraient discutés en Chambre du conseil, soit procéder à une enquête ordinaire comme en matière sommaire.

(2) Toutefois s'il y avait un contradicteur dans l'instance, il faudrait appliquer la règle ordinaire : *actor sequitur forum rei.*

fixées par les articles 329 et 330 C. civ., en ce qui concerne la déclaration de maternité.

11. *Mention marginale de l'acte de naissance.* — « La mention marginale « d'une légitimation déclarée par jugement pourra être rédigée conformément à la formule suivante :

Fils ou fille légitimé (e) de... et de... aux termes d'un jugement du tribunal (*ou* arrêt de la Cour d'appel) de... en date du... transcrit le...

Le... mil neuf cent seize).

Le *maire* (ou le *greffier*). (*Signature*). (Circulaire du 10 janvier 1916).

12. *Caractère facultatif de la légitimation par jugement.* — Le fait que les père et mère d'un enfant naturel l'ont reconnu postérieurement à leur mariage, ne suffit pas pour que le tribunal soit tenu de prononcer la légitimation. Ce n'est pour lui qu'une faculté et non une obligation. Il doit au préalable examiner dans quelles conditions la reconnaissance a été effectuée et s'assurer notamment si la paternité du mari est possible ou vraisemblable.

« Lorsque les père et mère d'un enfant naturel ou l'un d'eux, dit un jugement du tribunal civil de la Seine (9 février 1921, *Gaz. Trib.*, 6 avril 1921), l'ont reconnu postérieurement à leur mariage, un jugement peut décider que cette reconnaissance, quoique tardive, emporte légitimation (art. 331, al. 2.) Mais la requête des époux à fin de déclaration judiciaire de légitimation doit être rejetée, lorsqu'il n'est pas contesté que le mari n'est pas le père de l'enfant.

« Il n'apparaît, en effet, ni du texte de la loi du 30 décembre 1915, ni des travaux préparatoires que le législateur ait voulu conférer à des époux qui remplissent seulement les formalités nouvelles et les conditions extérieures édictées par la loi, le droit de rattacher à leurs deux familles par le lien de parenté avec toutes les conséquences que la légitimation comporte, un enfant qui n'a pas pour père le mari. »

« Aussi « la loi du 30 décembre 1915 est inapplicable à l'enfant naturel que les époux voudraient légitimer, quand il est établi que cet enfant même reconnu par chacun d'eux n'est pas issu de leurs œuvres, alors surtout que cet enfant n'a pas, depuis la célébration du mariage, la possession d'état d'enfant commun » (trib. civ. Seine, 21 juin 1917, *Loi*, 13 décembre 1917).

13. *Possession d'état.* — Aux termes de l'article 321 C. civ., la possession d'état s'établit par une réunion suffisante de faits indiquant le rapport de filiation et de parenté entre un individu et la famille, à laquelle il prétend appartenir. Les principaux faits énumérés dans cet article pour établir la filiation légitime peuvent servir également pour caractériser la possession d'état d'enfant commun ; ce sont : que l'enfant a toujours porté le nom de prétendu père, — que celui-ci l'a toujours traité comme son enfant et a pourvu, en cette qualité, à son éducation, à son entretien et à son établissement, — que la société et la famille ont constamment reconnu cette paternité apparente. Mais il s'agit là, en dernière analyse, d'une pure question de fait sur laquelle les tribunaux ont le plus large pouvoir d'appréciation.

L'article 331 nouveau, al. 6, dit expressément que cette posssession d'état d'enfant commun, pour pouvoir être prise en considération en vue de la légitimation, doit remonter au plus tard à la date de la célébration du mariage. C'est là une condition nécessaire. Mais ce serait une erreur de croire qu'en tout état de cause l'enfant doive être légitimable au jour du mariage pour pouvoir se prévaloir de la possession d'état d'enfant commun. Ainsi un enfant adultérin et non désavoué d'une femme divorcée et remariée, qui ne pourrait être ni reconnu ni légitimé au moment du remariage de sa mère avec son père naturel, pourra être légitimé par jugement postérieur s'il est prouvé que le premier mari de la mère était décédé antérieurement à la conception de l'enfant.

Mais si la possession d'état d'enfant commun est une condition nécessaire de la légitimation, ce n'en est pas une condition suffisante. « Lorsque cette possession d'état est contredite par la déclaration du mari, confirmée par la mère en chambre du conseil, qu'il n'est pas le père de l'enfant, il ne saurait appartenir aux demandeurs d'invoquer à l'appui de leur requête à fin de légitimation, une pareille possession d'état qui n'est purement qu'apparente puisqu'elle est reconnue par eux comme contraire à la réalité des faits ». (Paris, 27 juin 1917, *Gaz. Trib.* 24 août 1917 ; comp. tr. civ. Seine, 21 juin 1917, rapporté au n° précédent *in fine*).

14. *Effet du jugement déclaratif de légitimation.* — Un jugement du tribunal de Nancy (13 juillet 1920, *Gaz. Trib.* 14 février 1921) décide que « ce jugement peut être rendu même après la mort des père et mère et que dans ce cas, il ne confère à l'enfant, sur la succession des père et mère, les droits d'un enfant légitime que s'il déclare la légitimation acquise au jour où a eu lieu la dernière en date des reconnaissances faites par le père et par la mère. » Nous devons approuver les principes posés dans cette espèce, et nous en tirerons les conséquences suivantes : l'enfant légitimé peut prétendre aux droits d'un enfant légitime dans toutes les sucessions qui se sont ouvertes ou s'ouvrirent à compter de la date de la dernière reconnaissance. Par exemple, si celle-ci remonte au 15 janvier 1923, il participera au partage de la succession d'un enfant légitime décédé sans postérité le 1er juillet suivant dans la même proportion que les autres enfants légitimes, ou bien à celui de la succession des aïeuls paternels ou maternels si les père et mère sont morts avant ceux-ci : s'il a participé à la succession de ses père et mère comme enfant naturel, le partage devra être révisé et sa part accrue de façon à le mettre sur le même pied que les enfants légitimes.

Une difficulté peut se présenter dans le cas où la dernière reconnaissance est postérieure au décès de l'auteur de la première reconnaissance. Dans la succession de ce dernier, à laquelle l'enfant légitimé a reçu une part d'enfant naturel, doit-il, après sa légitimation, se contenter de la portion qui lui est échue ou peut-il prétendre à une part d'enfant légitime? Il nous paraît qu'en droit strict le partage ne doit pas être modifié : car, en vertu de la règle que nous venons de poser, la légitimation ne rétroagit qu'au jour de la dernière reconnaissance : or, la succession dont s'agit s'est ouverte avant cette date, l'enfant n'a donc acquis sur elle aucun droit nouveau par l'effet du jugement déclaratif de légitimation.

15. *Voies de recours.* — Quelles sont les voies de recours contre ce jugement?

La réponse à cette question nécessite une distinction : ou bien la demande a été introduite par voie de simple requête, sans qu'il y ait de contradiction : la décision relève alors de la juridiction gracieuse et n'emporte pas l'autorité de la chose jugée ; elle pourra donc être attaquée par tous ceux qui ont intérêt à la faire modifier ; en cas de rejet, le demandeur pourra interjeter appel par voie de requête comme en matière de rectification d'actes de l'état civil (art. 858 C. pr. civ.) : ce sera le cas, lorsque les père et mère ou l'un d'eux introduisent l'action. Ou bien un contradicteur a été mis en cause : il y a eu assignation et par suite décision contentieuse ; dès lors les parties en cause ont à leur disposition toutes les voies de recours de droit commun, opposition, appel et tierce opposition. Tel sera le cas si l'action est dirigée par l'enfant contre ses père et mère. Il va sans dire que le pourvoi en cassation est toujours possible.

§ 3. — Légitimation des enfants incestueux et adultérins.

16. *Légitimation des enfants incestueux.* — La loi est muette sur la légitimation des enfants incestueux; mais il résulte des travaux préparatoires que ce silence intentionnel a eu pour but de consacrer la jurisprudence constamment suivie par la Cour de cassation, que l'on trouvera rapportée dans l'ouvrage de M. Taudière (nos 5, 23 et 24, p. 18, 34 et suivantes du tirage spécial). Les enfants incestueux peuvent être légitimés dans tous les cas où le chef de l'Etat peut lever par décret la prohibition du mariage par application de l'article 164 C. civ. et dans les mêmes conditions que les enfants adultérins. Nous n'avons rien à ajouter de ce chef au commentaire de notre regretté collaborateur.

17. *Enfants adultérins pouvant être légitimés.* — D'après la loi du 30 décembre 1915, modifiée par la loi du 25 avril 1924, les enfants adultérins peuvent être légitimés dans trois cas:

1° Lorsque les enfants nés du commerce adultérin de la mère ont été désavoués par le mari ou ses héritiers;

2° Lorsque les enfants nés du commerce adultérin du père ou de la mère sont réputés conçus à une époque où le père ou la mère avait un domicile distinct en vertu de l'ordonnance rendue conformément à l'article 878 C. pr. civ. et antérieurement à un désistement de l'instance, au rejet de la demande ou à une réconciliation judiciairement constatée;

3° Lorsqu'il n'existe pas d'enfants ou de descendants légitimes issus du mariage au cours duquel l'enfant, né du commerce adultérin du père, a été conçu.

Nous allons examiner successivement ces trois cas.

18. *Premier cas: enfants nés du commerce adultérin de la mère et désavoués.* — Le nouveau texte n'apporte pas de modification sensible à l'avant-dernier alinéa de l'article 331, dans la rédaction qu'il reçut de la loi du 7 novembre 1907. Il le met simplement en concordance avec l'article 317 C. civ. en précisant que le désaveu peut être prononcé non seulement à la requête du mari, mais encore à celle des héritiers (1). Rappelons brièvement quels enfants peuvent être désavoués d'après les articles 312 et suivants. Aux termes de l'article 312 C. civ., le mari peut désavouer l'enfant s'il prouve que, pendant le temps qui a couru depuis le 300e jusqu'au 180e jour avant la naissance de l'enfant, il était, soit pour cause d'éloignement, soit par l'effet de quelque accident, dans l'impossibilité physique de cohabiter avec sa femme, sauf trois exceptions limitativement énumérées dans l'article 314 C. civ. : 1° connaissance de la grossesse avant le mariage; 2° signature de l'acte de naissance avec déclaration de paternité; 3° non viabilité de l'enfant.

Aux termes de l'article 313 C. civ., le mari pourra désavouer l'enfant pour cause d'adultère de la mère, lorsque la naissance lui a été cachée, et en cas de demande ou de jugement soit de divorce soit de séparation de corps, il peut désavouer l'enfant né 300 jours après la décision qui a autorisé la femme à avoir un domicile séparé et moins de 180 jours depuis le rejet définitif de la demande ou depuis la réconciliation.

D'après ces textes, doivent être considérés comme enfants adultérins, et non plus comme enfants naturels simples (voir ci-dessus, n° 5):

1° *A patre,* les enfants nés de la maîtresse du mari plus de 300 jours après le mariage de ce dernier et moins de 180 jours après sa dissolution soit par la transcription du jugement de divorce,

---

(1) L'action en désaveu peut n'être introduite que par un seul des héritiers, les autres demeurant dans l'inaction. Il en résultera, si le désaveu est prononcé, une situation singulière : car le jugement qui le prononcera sera inopposable aux héritiers qui n'étaient pas en cause et l'enfant demeurera légitime à leur égard. L'héritier poursuivant devra donc en bonne justice mettre en cause tous ses cohéritiers.

soit par le décès de l'un ou l'autre des époux ;

2° *A naître* : *a*) les enfants d'une femme mariée désavoués par le mari ou ses héritiers ; *b*) les enfants non désavoués, nés plus de 180 jours et moins de 300 jours après le décès du mari ou la dissolution du mariage.

Notons une conséquence importante de la loi du 25 avril 1924 : En autorisant la légitimation judiciaire « post nuptias », la loi permet aux père et mère de l'enfant adultérin de se marier avant la fin de l'instance en désaveu sans inconvénient pour la légitimation de cet enfant. « Elle permettra, dit M. Vallier, dans son rapport au Sénat, de ne pas différer le mariage dans l'intérêt des autres enfants déjà nés et naturels simples ceux-là, ou encore à naître et éventuellement légitimes des futurs époux. »

19. *Deuxième cas* : *enfants nés du commerce adultérin du père ou de la mère au cours d'une instance en divorce ou séparation de corps*. — « On remarquera la nouvelle rédaction de l'article 331, dit la circulaire du 10 janvier 1916. Elle permet de légitimer les enfants adultérins dans des hypothèses qui échappaient aux prévisions de l'ancien texte.

« Les enfants adultérins, nés plus de 300 jours après l'ordonnance assignant aux époux un domicile séparé, ne pouvaient être légitimés que dans le cas où la procédure de divorce ou de séparation de corps avait abouti à un divorce ou à une séparation et dans celui où elle avait été interrompue par le décès de l'autre conjoint.

« Désormais, la légitimation pourra intervenir même au cas où ladite procédure n'aura pas abouti et aura été suivie, soit d'une réconciliation entre les époux, soit d'un désistement d'instance, soit du rejet de la demande.

« Il va sans dire que l'enfant adultérin pourra encore être légitimé dans les hypothèses antérieurement prévues par l'article 331.

20. *Calcul des délais de 180 et 300 jours* : *principes à suivre*. — « D'autre part, il convient de préciser de quelle façon seront calculés, selon les cas, les délais de 180 et de 300 jours qui serviront à déterminer : *a*) si la période légale de conception est bien postérieure à la date de l'ordonnance qui attribue aux époux un domicile séparé ; *b*) en cas de désistement, de rejet de la demande ou de réconciliation judiciairement constatée, si la conception est antérieure à l'un de ces événements.

« Il échet à cet effet de s'inspirer des principes suivants :

« *a*) Ne peut être légitimé, en vertu de la disposition envisagée dans ce second (4e) paragraphe, qu'un enfant dont la légitimation serait éventuellement susceptible, eu égard à la date de sa conception, de faire l'objet d'un désaveu, ou un enfant non réputé légitime.

« *b*) Il faut que la date de conception de cet enfant se rattache à une époque où son auteur, bien qu'engagé dans les liens d'un mariage, avait un domicile séparé de son conjoint. »

Ainsi s'exprime la circulaire du 10 janvier 1916. On lui a reproché de donner une interprétation inexacte de la loi dans le paragraphe *a*) (*Recueil général des lois, décrets et arrêtés*, année 1916, p. 40). « Elle exige, en effet, pour que « la légitimation soit possible, que le « mari de la mère puisse désavouer « l'enfant, si c'était la mère qui fut « engagée dans une instance en divorce. « Telle n'est pas notre opinion. La loi « n'impose pas cette condition : elle ne « détermine pas la durée de la grossesse, « se contentant de dire : « *lorsqu'ils sont* « *réputés conçus* ». Or l'article 312 C. « civ. fixe la durée de la grossesse à une « période variable entre 180 et 300 jours. « La loi nouvelle ne distingue pas sui- « vant celui des deux parents qui était « marié. Elle applique les mêmes prin- « cipes dans les deux cas ». Ainsi, dans cette interprétation, conforme d'ailleurs à certaines indications contenues dans le rapport de M. le député Viollette, déposé à la Chambre le 15 décembre 1915, la loi nouvelle aurait substitué le délai de 180 jours à celui de 300 jours même pour les enfants adultérins *a matre*, tandis que la loi de 1907 exigeait 300 jours pour les enfants adultérins de père comme pour ceux de la mère. Pour nous, nous nous rallions à la solution donnée par la Chancellerie : car si elle ne répond pas exactement aux indications fournies par les travaux préparatoires, elle est plus en harmonie avec l'article 313 C. civ. que le législateur de 1915 a eu certainement en vue, puisque l'article 2 de cette loi est précisément consacré à compléter ce même article 313 dans son deuxième alinéa. Quoi qu'il en soit, il y a là un point obscur sur lequel la jurisprudence sera certainement appelée à faire la lumière.

21. *Examen de quelques hypothèses.* — « L'application de ces données, poursuit la circulaire du 10 janvier 1916, conduit notamment à envisager dans la pratique les hypothèses suivantes :

« 1° Un enfant naît d'une femme mariée en instance de divorce ou de séparation de corps plus de 300 jours après l'ordonnance prévue par l'article 878 du Code de procédure civile ; puis intervient le divorce, la séparation de corps ou le décès du conjoint.

« Cet enfant adultérin peut être légitimé comme sous le régime de la loi de 1907.

« 2° Même hypothèse, mais suivie d'un désistement de la demande en divorce ou en séparation de corps, d'un rejet de cette demande ou d'une réconciliation judiciairement constatée.

« L'enfant peut être légitimé *s'il est né plus de 300 jours après* l'ordonnance prévue par l'article 878 du Code de procédure civile *et moins de 180 jours depuis le désistement*, *le rejet de la demande ou la réconciliation* judiciairement constatée, circonstances considérées par le législateur comme constituant une présomption de reprise de la vie commune. »

Il est nécessaire de compléter ces indications en précisant ce que l'on doit entendre par date du désistement, du rejet de la demande ou de la réconciliation, qui sert de point de départ au délai de 180 jours.

Le désistement n'est parfait que par l'acceptation du défendeur ; c'est donc la date de l'acte par lequel ce dernier aura notifié son acceptation qui sera le point de départ du délai, et non la date de la notification du désistement, faite par le demandeur.

La date du rejet de la demande (1) n'est pas celle du prononcé du jugement ou de l'arrêt de débouté, mais celle où la décision est devenue définitive et a acquis l'autorité de la chose jugée.

La réconciliation judiciairement constatée est la fin de non-recevoir contre l'action en divorce, réglementée par l'article 244 C. civ. Le jugement qui la constate est une véritable décision de rejet, à laquelle s'appliquera le paragraphe précédent.

« 3° Un enfant naît d'une femme mariée moins de 300 jours depuis l'ordonnance qui a permis aux époux d'avoir un domicile séparé.

« Dans ce cas, l'enfant est légitime et ne pourrait être l'objet d'un désaveu de la part du mari, fondé sur l'article 313 C. civ., puisque, d'après cet article, celui-ci ne peut désavouer l'enfant que s'il est né 300 jours après l'ordonnance.

« Inversement, mais encore pour la même raison, si l'enfant naît *plus de 180 jours après la reprise de la vie commune*, il ne peut être légitimé, car, aux termes de l'article 313, le mari ne peut désavouer l'enfant que s'il est né depuis moins de 180 jours depuis le rejet définitif de la demande ou depuis la réconciliation.

« 4° Un enfant naît *d'un homme marié et d'une femme libre de liens conjugaux*, alors que cet homme est engagé dans une instance en divorce ou en séparation de corps, mais après l'ordonnance ren-

(1) Le jugement déclarant la péremption de l'instance, dans le cas où le demandeur reste plus de trois ans dans l'inaction, équivaut au rejet de la demande pour l'application de l'article 331.

due conformément à l'art. 878 C. pr. civ.

« S'il naît plus de 300 jours après cette ordonnance, l'hypothèse est identique à celle qui est prévue sous le n° 1.

« Mais il suffirait ici, ainsi que le fait remarquer M. Maxime Lecomte dans son premier rapport au Sénat (n° 356 du 21 nov. 1911, p. 48) que l'enfant fût né *180 jours au moins après l'ordonnance*, pour qu'il fût presque conçu pendant la période que l'on peut appeler « favorable à la légitimation ». En effet, le lien conjugal est relâché, les époux vivent séparément et, d'autre part, l'enfant en question né d'une femme libre de liens conjugaux, n'est pas couvert de ce chef par une autre présomption de paternité. Il va de soi, d'ailleurs, qu'aucune reprise de la vie commune entre les époux ne doit être intervenue avant la date de la conception.

« D'autres hypothèses pourraient encore être envisagées; mais celles qui viennent d'être examinées permettront, soit par elles-mêmes, soit par leur combinaison, de résoudre les principales difficultés. »

Parmi ces hypothèses que la circulaire du 10 janvier 1916 a laissées ainsi de côté, citons le cas de la légitimation d'un enfant né d'un homme marié en instance de divorce et d'une femme mariée se trouvant également en instance de divorce. Comment appliquerons-nous dans cette hypothèse les règles que nous venons de tracer? Il convient d'examiner plusieurs cas :

1° Pour le père, l'ordonnance rendue en conformité de l'article 878 C. pr. civ. est antérieure à la naissance de l'enfant de moins de 180 jours et pour la mère de moins de 300 jours : dans ce cas, la légitimation est impossible ;

2° Pour le père, elle est antérieure de plus de 180 jours et pour la mère de moins de 300 jours : en ce cas, la légitimation pourra intervenir si l'enfant est désavoué ;

3° Les deux ordonnances sont antérieures de plus de 300 jours à la naissance de l'enfant : en ce cas, il n'y a pas d'empêchement à la légitimation, sauf si l'instance en divorce introduite par le père avait été interrompue par un désistement ou une réconciliation dûment constatés plus de 300 jours avant la naissance de l'enfant. Si cette dernière hypothèse s'était réalisée, la légitimation ne pourrait intervenir que s'il n'existait pas d'enfants ou de descendants légitimes, issus du précédent mariage, conformément au 3° cas prévu par le nouvel article 331, et dont nous abordons l'étude.

22. *Troisième cas : enfants adultérins du père en l'absence de descendants légitimes.* — « La loi du 30 décembre 1915, poursuit la circulaire précitée, permet enfin, d'une façon générale, de légitimer *les enfants* nés du commerce adultérin *du mari* dans tous les cas où il n'existe pas, au moment du mariage subséquent, d'enfants ou de descendants légitimes issus du mariage au cours duquel l'enfant est né ou a été conçu ».

Ce passage doit être modifié par application de la loi du 25 avril 1924.

Il faut y supprimer, comme nous l'avons dit plus haut, les mots : « *au moment du mariage subséquent* » et « *est né ou* ». En fait, la rédaction « est né ou a été conçu » constituait un véritable pléonasme : c'est la date de la conception seule qui imprime à la naissance le carac- d'adultérinité. (Voir *infrà*, n° 4).

Nous appellerons l'attention sur trois points qui nous paraissent importants :

1° L'existence d'enfants ou de descendants légitimes, issus d'un mariage antérieur à celui pendant lequel l'enfant adultérin a été conçu, ne met pas obstacle à la légitimation de ce dernier.

2° L'existence d'enfants légitimés par le mariage pendant lequel a été conçu l'enfant adultérin rend la légitimation de ce dernier impossible : c'est la conséquence directe de l'article 333 civ., aux termes duquel les enfants légitimés par le mariage subséquent, auront les mêmes droits que s'ils étaient nés, de ce mariage.

3° Si les enfants légitimes ou leurs descendants sont décédés antérieurement au mariage qui peut légitimer l'enfant adultérin. Cette légitimation est permise ; mais, sous l'empire de la loi du 31 décembre 1915, il ne pouvait en être ainsi si le décès du descendant légitime était postérieur au mariage : Dans ce dernier cas, la reconnaissance, faite par les père et mère postérieurement à ce décès n'autoriserait pas un tribunal à prononcer la légitimation judiciaire : « doit « être rejetée la requête du père, tendant « à faire déclarer licite la légitimation de « son enfant adultérin, si un enfant légi- « time, encore vivant lors du second « mariage est décédé depuis lors avant « la promulgation de la loi du 30 dé- « cembre 1915 et *a fortiori* avant l'ex- « piration du délai ouvert par la dispo- « sition de l'article 6 § 2 de ladite loi ». (Tr. civ. Rouen, 15 mai 1916, *Gaz. Trib.* 2 septembre 1916).

Mais la loi du 25 avril 1924 vient de corriger le texte de 1915 et de mettre un terme à cette jurisprudence en supprimant dans la rédaction de l'alinéa 5 les mots « au moment du mariage subséquent ». « La 3e hypothèse de l'article 331 C. civ., a dit M. Oudin, rapporteur à la Chambre (Doc. parl. Chambre 1923, p. 1094), ne permet la légitimation que s'il n'existe pas d'enfants du premier lit, parce que le législateur n'a pas voulu que les droits successoraux des enfants légitimes fussent, ici tout au moins, réduits par ceux des enfants adultérins. Mais il en résulte que, si l'enfant du premier lit meurt postérieurement à la célébration du second mariage de son père et sans laisser de postérité légitime, rien ne s'oppose plus à la légitimation de l'enfant adultérin. » C'est la conséquence naturelle de la possibilité de la légitimation judiciaire.

Ajoutons qu'il résulte des travaux préparatoires que le consentement unanime des enfants légitimes, majeurs et maîtres de leurs droits, ne saurait autoriser à faire déclarer la légitimation d'un enfant adultérin. Les dispositions de l'article 331 civ. sont d'ordre public et la légitimation n'est possible et licite que dans les conditions et les cas prévus dans ce texte.

23. *Preuve de la non-existence d'enfants légitimes.* — « On peut se demander, ajoute la circulaire de la chancellerie, si la preuve qu'il n'existe pas d'enfants légitimes, issus de la première union, doit être imposée à l'époux, préalablement engagé dans les liens d'un mariage, qui veut légitimer un enfant adultérin. On conçoit à quels obstacles paraît se heurter cette preuve négative, le législateur n'ayant pas d'ailleurs prévu de quelle façon elle serait administrée. Serait-ce en faisant appel au concours de témoins pour corroborer la déclaration de l'intéressé ? Mais tel n'est pas le rôle des témoins comparants. Serait-ce au moyen d'un acte de notoriété. Mais les actes de notoriété sont, eux-mêmes, dressés dans des formes variables selon les cas : tantôt, en effet, ils sont soumis à une homologation de justice ; tantôt, au contraire, ils en sont dispensés. Ce serait, semble-t-il ajouter à la loi que d'imposer des formalités de cette nature. Il apparaît donc que, sous réserve de prévoir ultérieurement des garanties spéciales, si la pratique révélait des abus, l'officier de l'état civil pourra, en l'état actuel, se borner à enregistrer la déclaration de l'intéressé certifiant qu'il n'existe pas, au moment du mariage subséquent, d'enfants ou de descendants légitimes issus du mariage au cours duquel l'enfant adultérin a été conçu.

« Les déclarations inexactes permettront, d'ailleurs, l'exercice d'une action en annulation de reconnaissance et de légitimation que les intéressés pourraient facilement soutenir en administrant la preuve positive de l'existence d'un enfant issu du premier mariage. »

On ne saurait trop recommander aux officiers de l'état-civil de se conformer à ces instructions. Aussi feront-il bien d'ajouter à la formule que nous avons donnée ci-dessus (n° 6) lorsqu'il s'agira de la reconnaissance en vue de la légitimation d'un enfant adultérin *a patre*, avant les mots « lecture faite », la déclaration suivante : « M. Jules Benoît déclare n'avoir ni enfants ni descendants légitimes issus de son précédent mariage. »

Notons en passant qu'une déclaration sciemment mensongère ne peut pas donner ouverture à une poursuite pénale : car aucun texte légal ne détermine quelles sont les énonciations essentielles de l'acte de reconnaissance : l'article 147 du Code pénal est inapplicable dans ces conditions.

24. *Forme de la légitimation des enfants adultérins.* — Sous l'empire de la loi du 30 décembre 1915, les enfants adultérins ne pouvaient être légitimés que par la reconnaissance au moment de la célébration du mariage, constatée par acte séparé. La loi du 25 avril 1924 autorise, en outre, la légitimation « post nuptias » en vertu d'un jugement. Toutefois, il faut bien prendre garde que, malgré cela, la condition des enfants adultérins n'est pas identique à celle des enfants naturels simples : l'article 335 C. civ., en principe, demeure en vigueur et l'enfant adultérin ne peut être reconnu valablement *avant* la célébration du mariage. C'est ce qui ressort de la décision suivante (tr. civ. Bordeaux, 12 décembre 1922, *Loi*, 30 janvier 1924), dans laquelle il y aura lieu de ne pas tenir compte des mots « ou après », mis entre parenthèses et rendus inexacts par la loi du 25 avril 1924 : « Sous l'empire « de la loi du 7 novembre 1907, les en- « fants adultérins énumérés par cette « loi ne pouvaient être légitimés que « par une reconnaissance de leurs père « et mère insérée dans l'acte de célé- « bration du mariage de ceux-ci, toute « reconnaissance d'un enfant adultérin « avant (ou après) la célébration du « mariage était nulle et de nul effet. — « Il en est de même depuis la loi du « 30 décembre 1915, de toute recon- « naissance faite au profit d'un enfant « adultérin avant (ou après) la célébra- « tion du mariage de ses père et mère, « bien que, depuis cette dernière loi, « aucune reconnaissance ne soit plus « inscrite dans les actes de célébration « de mariage. »

Aussi les officiers de l'état civil devront-ils s'abstenir, lorsqu'il s'agira d'enfants adultérins, de recommander aux futurs époux leur reconnaissance avant la célébration du mariage, ce qui entraînerait la nullité de la légitimation. Ils devront même considérer comme obligatoire l'énonciation de l'heure, dans l'acte de reconnaissance, concomitant à l'acte de mariage, afin qu'aucune contestation ne puisse s'élever au sujet de cette concomitance.

La loi du 25 avril 1924 a rendu valable la reconnaissance « post nuptias » des enfants adultérins : cela résulte de la restriction apportée par l'article 3 de la loi du 30 décembre 1915 au principe absolu de l'article 335 par l'addition des mots : « sous réserve des dispositions de l'article 331 ».

25. *La légitimation « post nuptias » est-elle possible avec la reconnaissance d'un seul des époux après le décès de l'autre?* — La jurisprudence nous fourni l'espèce suivante : un enfant a été déclaré faussement comme né de père et mère mariés entre eux, alors que le père prétendu était marié à une autre femme : l'acte de naissance attribue donc à l'enfant une filiation adultérine que la loi oblige à écarter. Lorsque, par la suite, la femme légitime étant morte, la mère de cet enfant a épousé le père, puis a reconnu l'enfant comme naturel, si le dit père est décédé sans avoir reconnu l'enfant, la légitimation « post nuptias » est-elle possible? Le tribunal civil de Lyon, à qui cette espèce a été soumise, a répondu par la négative : « le tribunal, dit-il, ne peut plus dans « cette hypothèse autoriser la rechrche « de la paternité, ni à plus forte raison « la légitimation » (5 juin 1924, *Gaz. Pal.*, 10 juillet 1924). A notre avis, cette solution appelle quelques réserves. Evidemment les dispositions des lois du 30 décembre 1915 et 25 avril 1924 sont d'ordre public et doivent être interprétées restrictivement et la recherche de la paternité, en cas d'adultérinité, demeure toujours interdite. Mais le nouvel article 331 n'autorise-t-il pas la mère à prouver que l'enfant avait joui depuis le mariage de la possession d'état d'enfant commun ? Le texte dit, en effet : « Lorsqu'un enfant naturel aura été reconnu par ses père et mère *ou par l'un d'eux* postérieurement au mariage »: il semble donc bien que l'époux survivant a qualité pour suivre seul la légitimation.

D'ailleurs, à l'appui de notre thèse, nous citerons les deux espèces suivantes : « La loi du 16 novembre 1912, dit un jugement du tribunal d'Auxerre (22 juillet 1920, *Gaz. Trib.* 9 mars 1921), permet de déclarer judiciairement la paternité hors mariage dans le cas où le père prétendu a pourvu ou participé à l'entretien de l'enfant en qualité de père. En pareil cas, le tribunal, saisi par la veuve d'une demande en légitimation du fils adultérin de son mari prédécédé et dont elle est la mère, doit, les conditions des lois des 31 décembre 1915 et 16 novembre 1912 étant réalisées, déclarer la paternité du défunt et, en conséquence, la légitimation de l'enfant. » Cette solution nous semble exacte : à la vérité, il a été jugé qu'une demande en recherche de paternité naturelle doit être déclarée irrecevable, alors qu'à la date de la conception des enfants le père prétendu était marié : il résulte en effet de l'article 342 C. civ. resté en vigueur après la loi du 16 novembre 1912, que la recherche de la paternité n'est pas admise dans les cas où l'article 335 C. civ. interdit la reconnaissance, c'est-à-dire au profit d'enfants adultérins ou incestueux (tr. civ. Seine, 7 mai 1919, *Gaz. Trib.* 12 octobre 1919). Mais nous avons vu que l'article 3 de la loi du 30 décembre 1915 a apporté une réserve à la règle absolue de l'article 335 au profit des enfants adultérins énumérés dans l'article 331. En conséquence la recherche de la paternité est licite pour ces derniers dans les conditions fixées par l'article 340 C. civ. Elle demeure illicite dans tous les autres cas, notamment si elle est directement et uniquement l'objet de l'instance et non point sa légitimation. (Paris, 15 mai 1920, *Gaz. Trib.* 21 février 1921).

La deuxième espèce (tr. civ. Seine, 20 juillet 1920, *Gaz. Trib.* 19 novembre 1920) vise le cas où l'enfant est adultérin *a matre* : « Il ne peut être fait état de reconnaissances intervenues de la part des parents à une époque où la mère était engagée dans les liens d'un précédent mariage. Mais les enfants adultérins doivent être tenus pour régulièrement reconnus par leur père, lorsque celui-ci a, de son vivant, manifesté l'intention de les légitimer et n'a été empêché de faire la reconnaissance prévue par la loi que par son décès intervenu avant la terminaison de l'instance en désaveu ».

Dans les deux espèces ci-dessus rapportées, c'est le père qui est décédé avant de pouvoir reconnaître l'enfant. Que faudra-t-il décider, si nous envisageons le cas où la mère est, au contraire, décédée avant de faire la reconnaissance imposée par la loi ? La même solution paraît s'imposer : l'article 341 C. civ. autorise, en effet, la recherche de la maternité naturelle et l'article 342 ne l'interdit que dans les limites où l'article 335 interdit lui-même la reconnaissance. Nous sommes en désaccord sur ce point avec un jugement du tribunal de la Seine du 15 juin 1912 (*Gaz. Trib.* 10 juillet 1912), dont voici le sommaire : « la loi du 7 novembre 1907, qui a admis dans certains cas déterminés la légitimation des enfants adultérins et incestueux, a maintenu dans leur intégrité, en dehors de l'exception qu'elle prévoit, les principes posés par les articles 335 et 342 C. civ. aux termes desquels les enfants incestueux ou adultérins ne peuvent faire l'objet d'une reconnaissance et ne doivent jamais être admis à la recherche soit de la paternité soit de la maternité. -- La dérogation admise à ces principes en faveur des enfants adultérins nés au cours d'une instance en séparation de corps ou en divorce ne tend à permettre que leur légitimation par l'effet d'une reconnaissance faite dans l'acte même de célébration de mariage, ni surtout une recherche de maternité pouvant entraîner une reconnaissance judiciaire, le législateur ayant voulu éviter et prévenir les scandales qui pourraient résulter d'instances semblables ».

A notre avis les lois des 30 décembre 1915 et 25 avril 1924 rendent caduque cette jurisprudence qui leur est antérieure. « Lorsque l'adultérinité ne fait « pas obstacle à la légitimation » dironsnous avec M. Ed. Lévy (*loc. cit.* n° 445, p. 230), « ni l'article 335 ni l'article 342 « ne peuvent être invoqués : ce que « prohibe ces articles, c'est l'établisse« ment *d'une filiation naturelle adulté*« *rine*, la seule que connût le Code à « l'époque où il a été promulgué. Mais « *la filiation légitime adultérine* n'est pas « plus visée par les articles 335 et 342 « qu'elle ne l'est par les articles 702 et « 905 § 3 concernant l'exclusion des « enfants adultérins de la succession « de leurs parents ».

26. *De la légitimation en cas de bigamie.* — En cas de bigamie, une question intéressante se pose : les enfants légitimés par le second mariage du bigame conservent-ils cet état après son annulation ou bien la légitimation est-elle en même temps annulée par voie de conséquence? Pour la résoudre, il faut distinguer trois cas :

1° *Le bigame et son conjoint sont tous les deux de bonne foi.* — Dans cette hypothèse, nous sommes en présence d'un mariage putatif. Jusqu'à ces derniers temps, la doctrine et la jurisprudence décidaient d'un commun accord qu'un mariage putatif ne peut légitimer les enfants adultérins (Laurent, t. II, n° 509; Aubry et Rau, 4e éd., t. V, pp. 50 et 51, § 460; Baudry-Lacantinerie et Houques-Fourcade, *Traité des personnes*, 3e éd., t. II, n° 1915; Cass., 5 janvier 1910, *Gaz. Pal.*, 1910.1.161). Mais un revirement s'est produit dans la jurisprudence et, dans un arrêt du 19 novembre 1923 (*Gaz. Pal.*, 1923.2. 766), la Cour de cassation a jugé que « le mariage putatif produit les effets civils d'un mariage valable et comporte, par suite, légitimation de l'enfant adultérin dans les cas où la loi permet cette légitimation par mariage subséquent ». Cette solution s'impose dans le nouvel état de la législation (1).

2° *Le bigame ou son conjoint est seul de bonne foi.* — Il faut faire une distinction selon que le bigame est le père ou la mère.

a) Le père est bigame, la mère est de bonne foi. « Lorsqu'un homme qui a contracté un premier mariage en contracte un second, sans que le premier ait été dissous, dit un arrêt de la Cour de Paris du 31 juillet 1922 (*Gaz. Trib.*, 30 novembre 1922), avec une femme dont il a eu trois enfants naturels, la reconnaissance de ces enfants faite en vue de leur légitimation dans l'acte de mariage doit être annulée en même temps que le second mariage et alors même que celui ci serait déclaré putatif en raison de la bonne foi de l'épouse. Cette nullité découle de l'article 331 C. civ., modifié par la loi du 7 novembre 1907, qui laisse subsister la prohibition de l'article 335 C. civ., relative à la reconnaissance des enfants adultérins, sauf le cas prévu dans son alinéa 2, inapplicable en l'espèce. Il n'y aurait lieu, dans de telles circonstances, à l'application de la loi du 30 décembre 1915, qui a autorisé la légitimation des enfants adultérins du mari par le mariage subséquent des père et mère, lorsqu'il n'existe aucun enfant ni descendant légitime issu du mariage au cours duquel

(1) Voir la note de M. Savatier sous cette espèce D. P. 1924, I, p 137.

les enfants adultérins ont été conçus, qu'autant que conformément à l'article 6 de ladite loi, les enfants auraient été l'objet d'une reconnaissance dans le délai de deux ans à partir de sa promulgation. » On doit approuver cette décision. Il s'agit ici d'un mariage putatif, puisqu'il suffit de la bonne foi d'un seul époux pour rendre le mariage putatif, et dès lors la règle fixée par l'arrêt de cassation du 19 novembre 1923, rapporté ci-dessus, devient applicable.

b) La mère est bigame et de mauvaise foi, le père est de bonne foi. Ici encore le mariage est putatif, et les enfants adultérins peuvent être maintenus dans leur état d'enfants légitimés, mais cependant à une condition : c'est qu'ils auront été désavoués par le premier mari de la mère ou ses héritiers. C'est l'application des principes que nous venons de poser.

3° *Le bigame et son conjoint sont tous deux de mauvaise foi.* — Reprenons les deux cas que nous venons d'envisager :

a) le mari est bigame : l'annulation pure et simple du mariage entraîne celle de la légitimation : l'enfant se trouve assimilé à un enfant né de père et mère inconnus. Toutefois la reconnaissance faite par la mère, si l'enfant est à son égard un enfant naturel simple peut être déclarée valable, et celle-ci pourra légitimer son enfant, soit en épousant un autre homme que le père, soit même en épousant à nouveau le père devenu veuf ou divorcé, si les conditions prévues par l'article 331 se trouvent réalisées. S'il s'agissait d'un enfant né après le mariage et dès lors considéré comme légitime et non plus comme légitimé, l'annulation du mariage a pour effet d'établir sa filiation adultérine. Mais cet enfant peut faire établir sa filiation naturelle simple à l'égard de la mère par une rectification de l'acte de l'état civil; de cette façon, la mère pourra le reconnaître valablement et nous retombons dans l'hypothèse précédente.

b) La femme est bigame, dans ce cas l'annulation du mariage fait jouer la présomption de l'article 240 C. civ. : *pater is est*. L'enfant est légitime par rapport au premier mari : il devra être désavoué par celui-ci ou ses héritiers pour que sa légitimation par le prétendu père soit possible.

§ 4. — Dispositions transitoires.

27. *Texte de l'article 6, alinéa 2* : « Les enfants adultérins se trouvant « dans les conditions prévues par les « dispositions qui précèdent et dont les « père et mère auront contracté mariage « avant la promulgation de la présente « loi pourront être, de la part de ceux- « ci, dans le délai de deux ans à partir « de cette promulgation, l'objet d'une « reconnaissance qui emportera légiti- « mation dans les conditions prévues « par la présente loi. »

28. *Effet rétroactif de la loi.* — « Une disposition transitoire, dit la circulaire du 10 janvier 1916, autorise les père et mère qui ont contracté mariage avant la promulgation de la présente loi à faire dans un délai de deux ans, en faveur des enfants adultérins se trouvant dans un des cas visés (et même si ce cas était déjà prévu par la loi du 7 novembre 1907) une reconnaissance qui emportera légitimation. Cette reconnaissance, qui, aux termes de la disposition transitoire de la loi du 7 novembre 1907, devait être faite devant l'officier de l'état civil du domicile des deux conjoints, pourra être effectuée devant n'importe quel officier de l'état civil, la loi nouvelle ne contenant à cet égard aucune attribution de compétence.

« Il n'apparaît pas que, pour l'application de ces dispositions exceptionnelles visant les enfants adultérins, un jugement soit nécessaire comme au cas où il s'agit de légitimer, après la célébration du mariage, des enfants naturels simples.

« Il échet enfin de ne pas oublier que la reconnaissance des enfants adultérins, en dehors des cas de légitimation autorisés par la loi nouvelle, demeure interdite conformément à l'article 335 du Code civil. »

Le délai de deux ans, prévu dans cette disposition, a été suspendu pendant le cours des hostilités en vertu de la loi du 5 août 1914, de sorte que, commencé le 24 octobre 1919, il est expiré le 24 octobre 1921.

§ 5. — Contestation et annulation de la légitimation.

29. *Contestation et annulation de la légitimation des enfants naturels simples.* — L'annulation de la légitimation des enfants naturels simples peut résulter soit de l'annulation du mariage, soit de l'annulation de la reconnaissance, soit d'un vice de forme dans la procédure de la légitimation (1).

Il n'entre pas dans le plan de notre étude d'examiner la question de l'annulation du mariage qui est d'ordre général et fait l'objet d'un chapitre spécial du Code civil. Nous nous contenterons de renvoyer le lecteur aux nombreux commentaires sur les articles 180 et suivants du Code civil (Liv. Ier, Titre V, Chap. 4). Nous insisterons seulement sur l'annulation de la reconnaissance qui se rattache au cadre de notre sujet et se présente très fréquemment dans la pratique.

30. *Contestation de la reconnaissance.* — Tout d'abord, quelles personnes peuvent attaquer la reconnaissance? Ce sont, aux termes de l'article 339 tous ceux qui ont intérêt à son annulation, et par conséquent l'enfant lui-même, — l'auteur de la reconnaissance (1) et ses héritiers, — la personne qui prétend être le véritable père ou la véritable mère, — les donataires ou légataires de l'auteur de la reconnaissance, — les autres enfants naturels ou légitimes nés du même auteur (cf. Planiol, t. I, n° 1490, 5e éd.). « Le ministère public ne saurait être admis à agir d'office par voie principale en cette matière qui, sans méconnaître que l'ordre public soit intéressé dans une certaine mesure aux questions de paternité et de filiation, a essentiellement pour objet l'intérêt des familles et des particuliers (Cass., 17 décembre 1913, *G. P.*, 1914. 1.113).

Si nous passons aux causes de nullité de la reconnaissance, nous verrons qu'elle peut provenir, soit d'un vice de forme, comme l'incompétence du magistrat ou de l'officier public qui l'a reçue, soit d'un vice du consentement ; par exemple, « si son auteur a été déterminé à la faire par les manœuvres dolosives d'un autre homme qui lui a facilement persuadé que l'enfant était né des relations qu'il avait eues avec sa mère à une époque voisine de celle de la conception » (Trib. civ. Reims, 8 juillet 1913, *Le Droit*, 21 août 1913) (2) ; soit du

(1) Voici un exemple d'annulation pour vice de forme : « La disposition transitoire de la loi du 7 novembre 1907 qui autorise la légitimation des enfants adultérins nés au cours d'une instance en divorce ou en séparation de corps plus de 300 jours après l'ordonnance de non-conciliation, prévue par l'art. 878 C. pr. civ., dans le cas où les père et mère ont contracté mariage avant la promulgation de la loi nouvelle, subordonne la légitimation qu'elle autorise à la condition nécessaire d'une reconnaissance devant l'officier de l'état civil du domicile des deux conjoints, laquelle doit avoir lieu dans le délai de deux ans à partir de la promulgation de ladite loi. La reconnaissance antérieure du père et de la mère, entachée d'une nullité d'ordre public que la loi nouvelle n'a eu pour but ni pour effet de valider rétroactivement, ne saurait suppléer à la formalité exigée de la reconnaissance dans le délai de deux ans. » (Cass. 26 mars 1918, *G. P.* 1818 et 1919 1.180).

(1) « En accordant à tous ceux qui y auront intérêt le droit de contester la reconnaissance d'un enfant naturel (art. 339 C. civ.), la loi n'a pas entendu exclure de cette faculté l'auteur de ladite reconnaissance, alors même qu'il la prétendrait mensongère. Il est en effet contraire à l'ordre public de pouvoir reconnaître comme sien l'enfant d'un autre. » (Cass., 2 juillet 1912. *G. P.*, 1912 2 145)

(2) « La reconnaissance ne peut être annulée pour cause d'erreur que si l'erreur a été cause unique et déterminante du consentement. L'erreur qui aurait consisté de la part de l'auteur de la reconnaissance à ignorer l'inconduite antérieure de la mère et sa précédente maternité, ne porte que sur la personnalité de la mère et non sur celle de l'enfant ni son identité et n'a pas été le mobile de la reconnaissance. » (Poitiers, 30 déc. 1907, S. 1909.2 313.)

défaut de sincérité, soit d'une incapacité physique : « la reconnaissance d'un enfant naturel doit être annulée, lorsqu'elle émane d'un homme qui n'aurait eu que 12 ans à l'époque de la conception et qu'il existe d'ailleurs un ensemble de présomptions graves, précises et concordantes du défaut de sincérité de ladite reconnaissance » (Amiens, 20 décembre 1923, *G. P.* 1924.1.309) (1) ; soit d'une incapacité légale, par application des articles 335 et 342 C. civ.

31. *Contestation et annulation de la légitimation des enfants adultérins.* — Ce que nous venons de dire à propos des enfants naturels simples s'applique également à l'annulation de la légitimation des enfants adultérins. Toutefois le législateur de 1915 a introduit dans le nouvel article 331 à propos de la légitimation des enfants conçus au cours d'une instance en divorce ou en séparation de corps une disposition spéciale dont il importe de préciser le sens et la portée : « Toutefois la reconnaissance et la légitimation pourront être annulées si l'enfant a la possession d'état d'enfant légitime ». Il est de toute évidence que cette disposition n'a pas un caractère limitatif et ne prétend pas écarter l'application de l'article 339 du Code civil. Elle crée simplement ou plutôt met en lumière un motif d'annulation qui à lui seul pourra suffire pour rendre caduque une légitimation par mariage subséquent qui établirait à l'enfant une filiation mensongère. Il suffira au demandeur en annulation, pour triompher, de prouver que l'enfant légitimé avait, à son égard, la possession d'état d'enfant légitime, c'est-à-dire qu'il l'avait toujours traité comme issu de ses œuvres et que sa famille et son entourage l'avaient toujours traité comme tel. Si bonne qu'ait été l'intention du législateur en introduisant cette disposition dans la loi, on doit avouer qu'elle est d'une utilité bien minime et que le droit commun suffisait amplement pour atteindre le même résultat.

32. *Procédure de la demande un annulation.* — La procédure de la demande en annulation de la légitimation varie selon les causes d'annulation invoquées. Si la nullité dépend de la nullité du mariage, la demande devra être introduite comme en matière ordinaire et suivre les règles spéciales énoncées dans les articles 180 et suivants du Code civil.

Si la légitimation résulte d'actes de reconnaissance, la demande en annulation pourra prendre la forme d'une rectification d'acte de l'état civil et être introduite par simple requête, si aucun contradicteur n'est en cause. Mais s'il y a contradiction, la procédure s'engagera par assignation ou par acte d'avoué à avoué dans le cas où il s'agit d'une demande incidente greffée sur une instance en cours. Le jugement sera rendu en audience publique.

Quand la légitimation résultera d'un jugement, il faut distinguer deux cas : ou le jugement a été rendu sur requête, en matière de juridiction gracieuse, il n'a pas l'autorité de la chose jugée et peut être attaqué par voie d'action principale, selon les règles de la procédure ordinaire ; ou bien il a été rendu en matière contentieuse, il ne peut être attaqué que par la voie de la tierce opposition.

L'action en annulation de légitimation est imprescriptible. Elle doit être dirigée contre l'enfant ou, tout au moins, l'enfant doit y être mis en cause. On a longtemps discuté sur le point de savoir si pour la soutenir il fallait nommer au mineur un tuteur *ad hoc* comme en matière de désaveu. La jurisprudence, ne

(1) Toutefois « il ne saurait suffire pour faire la preuve de la sincérité de la reconnaissance, d'alléguer que son auteur était âgé seulement au temps de la conception de l'enfant de 11 ans et 9 mois. En effet, la procréation à cet âge est un fait exceptionnel, et non pas impossible. Il est donc nécessaire, pour obtenir l'annulation de la reconnaissance, de rapporter la preuve qu'en fait celui qui s'est donné comme le père, n'était pas, au temps de la conception de l'enfant, capable de procréer. » (Trib. civ. Seine, 21 février 1913. *Gaz. Trib.* 3 mai 1913.)

son dernier état, adopte la négative : « La règle générale en vertu de laquelle le mineur est représenté en justice par son tuteur et, en cas d'opposition d'intérêt par son subrogé tuteur, dit un arrêt de Cassation du 7 juillet 1910 (*Gaz. Pal.* 1910.2.193), s'applique même aux actions qui intéressent son état sous la seule exception établie par l'article 318 C. civ. en matière de désaveu où l'action doit être suivie par un tuteur *ad hoc*. Mais cet article qui vise exclusivement le désaveu fait par le mari ou ses héritiers d'un enfant né au cours d'une union légitime, ne s'applique pas au cas de filiation naturelle et, à raison de son caractère exceptionnel, ne peut être étendu à un cas différent de celui qu'il a prévu. Et, dès lors, si l'enfant naturel dont la reconnaissance et la légitimation sont contestées, doit nécessairement être mis en cause, il n'y a lieu de lui nommer un représentant spécial, lorsqu'il est mineur, que si, à raison des circonstances, personne n'a qualité pour y défendre.

« Spécialement, lorsqu'après le décès de sa femme, le mari a reconnu et légitimé par mariage subséquent, un enfant né d'une concubine 52 jours après le décès de sa femme légitime, l'action en contestation de reconnaissance et de légitimation est régulièrement suivie contre le subrogé tuteur de cet enfant mineur, en cas d'opposition d'intérêt entre l'enfant et sa mère, tutrice légale. »

32 *bis. Des effets du défaut de transcription du jugement (ou arrêt) définitif de divorce sur la filiation illégitime.* — Un arrêt de la Cour de Paris du 27 décembre 1922 (D. P. 1924. 2. 113) décide que « le défaut de transcription empêche « le jugement de divorce de produire « effet à l'égard des tiers, non seulement « en ce qui concerne les biens, mais « aussi quant aux rapports extra-patri- « moniaux avec les époux ; par suite, « l'enfant né d'un homme divorcé et « d'une autre femme que son ancienne « épouse, après que le jugement de di- « vorce est devenu définitif, mais avant « la transcription, est un enfant adulté- « rin. »

Cet arrêt vise l'application de l'article 252 alinéa 6 du Code civil dans la nouvelle rédaction que lui a donnée la loi du 26 juin 1919. Cette dernière loi règle les effets du jugement de divorce de la façon suivante : « Le jugement ou l'arrêt devenu définitif remontera, quant à ses effets entre époux en ce qui touche leurs biens, au jour de la demande ; mais il ne produira effet, au regard des tiers, que du jour de la transcription ».

Notre arrêt précité fait-il de cette disposition une exacte application ? Il est permis d'en douter : car son interprétation aboutit à cette conséquence choquante de déclarer adultérin un enfant conçu ou né à une date où le père ne pouvait plus commettre d'adultère. Si l'on adopte cette manière de voir, ne faudra-t-il pas, selon la fine remarque de M. Rouast dans sa note sous l'arrêt sus rappelé (D. P. loc. cit.), déclarer légitime, à défaut de désaveu, l'enfant conçu par une femme divorcée dont le divorce n'est pas transcrit, alors que cependant il n'y a plus de mariage entre les époux au moment de sa conception ?

En présence de ces conséquences paradoxales, une controverse s'est élevée dans la doctrine : les uns soutiennent l'interprétation adoptée par la jurisprudence (cf. outre l'arrêt ci-dessus tr. civ. Valenciennes, 30 novembre 1922, D. P. 1924.2.113. *Gaz. Pal.* 1913.1.48), tel M. Edouard Lévy (*La date du divorce*, *Lois Nouv.* 1923, p. 153). Les autres, en plus grand nombre, estiment avec M. Rouast que l'on doit limiter la portée de l'article 252 à deux points de vue : 1° les tiers seuls pourraient opposer le défaut de transcription et 2° seulement en ce qui concerne les effets pécuniaires du divorce (sic. A. Colin et Capitant, *Cours élém. de dr. fr.*, 4e éd., t. Ier, p. 233 et suiv., Gaudemot, Rev. trim. de dr. civil, 1923, p. 133 et 760).

Il n'entre pas dans le cadre de notre sujet d'examiner dans le détail les arguments de cette controverse. Nous croyons pour notre part que la directive suivie par la jurisprudence doit être modifiée pour aboutir à des conséquences plus rationnelles ; nous pensons, avec M. Rouast, que, la distinction des parties et des tiers concerne essentiellement l'effet des actes juridiques volontaires ; « elle constitue une mesure de protection contre « les exagérations de l'autonomie de la « volonté ; elle assure la sécurité des « transactions commerciales. Elle ne « saurait intervenir dans le droit de « famille où la volonté des individus a un « rôle restreint, où les institutions ont « leur structure et leurs effets détermi- « nés par le législateur en considération « des intérêts d'ordre public qu'elles « mettent en jeu... Le mariage lui-même « et le divorce sont des institutions dont « tous les effets doivent exister simul- « tanément entre les intéressés et vis-à- « vis des tiers, parce que ces effets ne « proviennent pas de la volonté des « parties, mais de celle du législateur. « On est marié ou on ne l'est pas : l'état « des personnes est nécessairement indi- « visible ». Remarquons d'ailleurs que le principe de la relativité des jugements ne s'applique pas lorsqu'il s'agit de la séparation de corps : pourquoi n'en serait-il pas de même en matière de divorce?

32 *ter. Etablissement de la filiation adultérine donnant droit aux aliments.* — Nous rapporterons ici un arrêt intéressant, que vient de prononcer la Cour de Cassation (10 novembre 1924) ; bien qu'il ne se rapporte qu'indirectement à notre sujet. Il pose une règle importante en ce qui concerne l'établissement de la filiation adultérine donnant droit aux aliments : « La reconnaissance des enfants « adultérins est prohibée et, si la loi « leur accorde des aliments, leur filia- « tion adultérine, pour donner ouver- « ture à ce droit, ne peut être invoquée « que lorsqu'elle se trouve légalement « établie par la force même des choses, « et non lorsqu'elle résulterait d'une « reconnaissance volontaire frappée de « nullité par la loi. — Il appartient aux « juges du fond, par une interprétation « souveraine d'un écrit émané du père, « de décider que cet écrit n'a pu trans- « former en une obligation civile d'assu- « rer dans l'avenir l'entretien de l'en- « fant, l'obligation naturelle qui pouvait « lui incomber ».

Conclusion.

33. *Lacunes de la loi.* — La loi du 30 décembre 1915, même modifiée par celle du 25 avril 1924, atteint-elle le but que le législateur s'était tracé en l'élaborant ? Corrige-t-elle bien les défauts et comble-t-elle toutes les lacunes de la loi du 7 novembre 1907 ? En aucune façon : sans doute, elle satisfait quelques-uns des *desiderata* que l'on avait formulés après le vote de la loi de 1907 ; mais elle laisse subsister encore de graves difficultés, surtout en ce qui concerne les enfants adultérins. Dès le 11 avril 1916, un député, M. Lémery, avait déposé un projet de loi, tendant à modifier de nouveau l'art. 331 du Code civil. Certaines des améliorations qu'il proposait, reprises par M. Leredu dans sa proposition de loi du 23 mai 1922, ont été réalisées par la loi du 25 avril 1924, qui autorise la légitimation « post nuptias » des enfants adultérins. Mais bien d'autres lacunes demeurent encore béantes.

Il conviendrait, notamment, d'introduire une disposition nouvelle qui permette de remédier aux situations définitivement compromises, aux légitimations demeurées impossibles, que M. Vallier a signalées dans son rapport au Sénat, et qui sont dues, soit à une interprétation erronée de la loi par l'officier de l'état civil, soit à l'impossibilité matérielle de réaliser les conditions imposées par la loi du 7 avril 1917 pour la légitimation dans le bref délai fixé pour l'application de cette loi temporaire (voir *Appendice N° 34*).

Le législateur devra donc remettre sur le chantier l'article 331; mais, pour parachever son œuvre, qu'il prenne un appui solide sur les conséquences que la jurisprudence découvrira dans l'application de la loi; qu'il ait un contact incessant avec la pratique. Justinien lui donne l'exemple et la méthode à suivre dans le texte, que nous avons rapporté dans notre avant-propos : *ex his autem quæ a natura rerum per singula moliuntur, invenientes aliquid deesse iis quae jam statuta sunt, hoc in præsenti corrigimus.*

Nous pouvons prévoir la correction future qui sera apportée à la loi. Ce sera sans doute l'extension de la légitimation par mariage subséquent ou « post nuptias » par jugement à tous les enfants adultérins même en présence d'enfants ou de descendants légitimes. Dès l'instant que le mariage n'est plus indissoluble, que les lois sur le divorce rendent licite l'union des complices adultères, la logique impose la réintégration de l'enfant, né des relations coupables, dans la famille reconstituée. Le législateur finira par abandonner complètement l'ancienne tradition qui faisait rejaillir la faute des parents sur la tête de l'enfant et évinçait impitoyablement ce dernier du milieu familial, comme la faute d'Adam et d'Eve les avait chassés à tout jamais de l'Eden avec leur progéniture. Aujourd'hui, l'enfant illégitime, sous l'influence des idées morales régnantes, nous apparaît, selon les expressions de Kant, comme une personne, une fin en soi, à l'égal de l'enfant légitime : il est comme ce dernier non seulement une créature, mais un citoyen de l'univers, il doit prétendre aux mêmes droits et aux mêmes égards. Nous ne dirions plus avec le tribun Duveyrier dans son rapport au Corps législatif : « La manifestation d'un désordre caché n'est jamais, pour l'intérêt social, compensé par la réparation d'un dommage individuel ». La réparation du dommage individuel nous apparaît, au contraire, comme un devoir social élémentaire. A nos yeux, la procréation est génératrice de devoirs à l'égard des parents naturels, et corrélativement de droits en faveur de l'enfant, les mêmes que ceux de l'enfant légitime. La Révolution et les moralistes des deux derniers siècles ont imprégné nos esprits d'individualisme. Mais cet individualisme poussé à ses conséquences extrêmes a pour effet de substituer, comme base de la société, à la famille, groupe indissoluble par l'opération de la volonté divine et du sacrement de mariage, le moi individuel, l'Unique et sa propriété selon l'expression de Max Stirner : il introduit ainsi dans la science sociale une sorte d'atomisme moral, qui correspond à l'atomisme physico-chimique en honneur dans la physique moderne : mais, par là, n'aura-t-il pas pour aboutissement fatal la réalisation et le triomphe de l'idéal collectiviste?

Appendice.

34. *Loi du 7 avril 1917.* — « La loi du 7 avril 1917 a pour objet de permettre la légitimation par jugement, même en dehors de tout mariage, et alors précisément que le mariage est devenu impossible à raison du décès du père de l'enfant. Cette disposition qui présente d'ailleurs un caractère exceptionnel se justifie par le désir d'assurer dans la mesure du possible l'accomplissement des vœux des mobilisés morts pour la défense du pays, avant d'avoir pu, comme ils en avaient exprimé le désir, légitimer par mariage l'enfant qu'ils avaient engendré ». (Circ. ministérielle du 18 juin 1917). Elle est une loi de circonstance dont le délai d'application est limité d'après son texte même à deux ans après la promulgation des décrets fixant la date de cessation des hostilités, c'est-à-dire au 24 octobre 1921.

« La loi du 7 avril 1917, dit M. Edouard Lévy (*loc. cit.* n° 182, p. 99) semble n'avoir donné lieu jusqu'ici (1919) qu'à de très rares applications et l'on ne saurait s'en étonner, étant données la complexité du texte et les obscurités de sa rédaction. Tant de conditions sont exigées qu'il en manque presque toujours au moins une pour que le tribunal puisse accueillir favorablement la demande et il est probable que les intéressés, s'ils sont bien conseillés s'abstiennent d'intenter un procès perdu à l'avance ». Aussi nous nous contenterons d'en donner ici le texte à titre documentaire.

Article premier. — « Tout enfant, dont le père mobilisé est décédé depuis le 4 août 1914 des suites de blessures reçues ou de maladies contractées ou aggravées pendant son séjour sous les drapeaux, pourra être déclaré légitimé dans les termes de l'article 331 du Code civil, par le tribunal de première instance du lieu de l'ouverture de la succession, en vertu d'un jugement rendu en audience publique après débats en la chambre du conseil, à la condition qu'il résulte de la correspondance ou de tout document certain une évidente volonté de se marier et de légitimer l'enfant, commune aux deux parents. La légitimation pourra également être prononcée si tous les parents défendeurs adhérent à la demande.

« L'instance sera poursuivie, par voie de citation contre le ministère public, à la requête de la mère et, à son défaut, du tuteur ou du subrogé-tuteur, ou de l'un des ascendants du père ou de la mère.

« Les parents du père, en ligne directe, qui n'ont pas pris l'initiative de l'instance et, à défaut de parents en ligne directe, les collatéraux privilégiés devront être mis en cause.

« Le demandeur devra prouver : 1° que l'enfant a été légalement reconnu par la mère ou déclaré judiciairement être né d'elle ; 2° que les deux parents se sont trouvés, au jour du décès du père, réunir les conditions de capacité exigées par les articles 144, 145, 147, 148, 150, 158, 159, 161. 162, 163, 164, 228 et 296 du Code civil pour contracter mariage.

« Si le jugement ou l'arrêt devenu définitif accueille la demande, son dispositif sera transcrit immédiatement sur les registres de l'état civil de l'année courante de la commune où est né l'enfant et mention en sera faite en marge de son acte de naissance.

« Il ne sera opposable aux tiers qu'après sa transcription.

« L'enfant auquel il profitera, jouira des droits d'un enfant légitime, tant au regard de son père qu'au regard de sa mère, avec effet rétroactif à la veille du décès du père et, s'il y a lieu, de la mère.

« Il ne sera plus reçu aucune instance en exécution de la présente loi deux ans après la promulgation des décrets prévus par les articles 1 et 2 de la loi du 4 juillet 1915.

« Les actes nécessités par ces instances seront visés pour timbre et enregistrés gratis, lorsqu'il y aura lieu à la formalité de l'enregistrement.

Article 2. — « Les articles 1er des lois des 4 avril et 19 août 1915 sont complétés par le paragraphe suivant :

« Ces mariages, s'ils ont été célébrés postérieurement au décès du futur époux, produisent néanmoins tous leurs effets au point de vue de la légitimation des enfants et du droit du conjoint conformément aux dispositions des articles 201 et 202 du Code civil. »

Article 3. — « La présente loi est applicable à l'Algérie et aux colonies. »

Beaugency. — Imp. R. Barrillier.

LES ENFANTS NÉS HORS MARIAGE

BEAUGENCY. — IMP. R. BARRILLIER.

www.ingramcontent.com/pod-product-compliance
Ingram Content Group UK Ltd.
Pitfield, Milton Keynes, MK11 3LW, UK
UKHW022140260726
13993UKWH00005B/2064

9 782329 210797